Golpe en la sombra

Alejandro Fonseca

Golpe en la sombra

Publicado por Eriginal Books LLC
Miami, Florida
www.eriginalbooks.com
www.eriginalbooks.net

Copyright © 2013, Alejandro Fonseca
Copyright © 2013, Ilustración de la portada, Néstor Arenas
Copyright © 2013, Diseño de cubierta, Art D Plus
Copyright © 2013, Foto del autor, José Marcano
Copyright © 2013, De esta edición, Eriginal Books LLC

ISBN: 978-1-61370-031-0
Primera Edición: Febrero 2014

Diagramación: Anna Sotelo

Todos los derechos reservados
All rights reserved
Printed in the United States

GOLPE EN LA SOMBRA

*Ni aun la piedra escapa – igual en todas partes –
al paso de la noche.*

Enrique Lihn

EL CANTOR

Carente de profecías
el refugiado que canta
se acoge a las vírgenes
cátedras octogenarias
canciones que el polvo
atraganta al sur de la ciudad.
Por la orilla del mar
expulsado del Caribe
es cualquiera que multiplique
el deseo y los tesoros
y entone sacristías
ante fornicaciones
en yerbazales cuando niño.
Los herrajes, su pátina
cerraduras sin cuerpo
ciudad que se pierde, traslaticia
no vislumbra coordenadas
ni voz que se adentre.
El refugiado revisa auroras:
contempla puentes
ajustables a la memoria
que no ha podido recrear.
Hay sólo noventa millas.
Las vírgenes siguen acechando.
Hay música en la boca de los bares.

La acrobacia del refugiado
que canta equívoca furia
apetece víctimas, hendiduras
donde acomodar sus miserias.

CICATRICES DEL CIELO

Me costaría emprender un viaje:
cicatrices del cielo, mi perro asolado
ventanales y el único paisaje huyendo
siempre adentro, cloaca y asombros.
Mi cuerpo comienza a separarse:
en sus grietas sólo hay advertencias.
Al otro lado es el fuego, los augurios
árboles que punzan la piel.
Ante los ojos puede que suenen
campanarios y recogimiento
y toda imagen termine: cinematógrafo
al descubierto, la tarde perdiéndose.
De nuevo fatiga detrás de las puertas.
Imposible seguir mostrando palabras:
hueco donde los loros rasgan sus colores.
He vaciado mis neuronas, mi bolsillo.
Aprendí a perderme, jardines del sueño.
Mi familia se complacía convocando deidades.
Sin embargo conservo una lengua siniestra
que me devuelve deseos y campos
piel lejana, humo, tierra, masturbaciones.

COLGANDO DE LA NOCHE

Estoy despierto colgando de la noche.
No pude soñar bautizos: las aguas
del comienzo se ahogaron entre paredes
que cercenan mi cabeza, los hangares
la morada que me pertenece.
Gratuidades afilan el placer de las bestias.
No podrán detenernos frente al mar.
Hijo del pobre, aquí los tesoros.
Iremos por el borde del fuego, acariciados.
Padre borracho que estás en los cielos
háblame de siluetas y reencuentros.
De súbito embarcaciones, apariencias
los miserables manteles que tuve.
Cerraduras y nombres se disputan el sueño:
huyen palomas que se agarran al vacío.
Me hundo en la orilla, los días se arrastran.
Tendremos que esperar el desorden.
Un rostro marginal no puede mirarse
en las aguas que aparentan el diluvio.

UN BARCO DE PAPEL

Los jardines no han podido ser invisibles
sino un monte que vigila nuestra casa
la que albañiles han ido clausurando.
Las mañanas siguen despertándose
en las huellas de los caballos conquistadores.
El mar ahora comienza a amenazarnos:
entre los peces y los panes
nos enseña el peor costado del cadáver.
Por las islas ciudades paralíticas.
Nuestro padre ha perdido la cordura
y se complace inhalando amapolas.
La peste, la marisma, la dejadez
se unen a los cuerpos azotados
por un clima de última noticia.
En el traspatio se hunde un barco de papel.

OTRA FARSA

Ya no hay caminos para adentrarse:
serán las manos de una justicia aparente
que registren, dispongan de la oscuridad
y sin anunciarse se traguen los rincones.
Una poética se aletarga en crucigramas.
Se dibujan clarividencias, el odio
la sutileza de la carne que confunde.
Anoche los mismos pasos anduvieron.
A qué se debe el rostro intrincado
que respira y trasuda vehemencia ajena.
Los lunes comienzan a asesinar mis ojos.
Difícil ha sido encontrar manos que te palpen.
Hay una ventana, un territorio, musgo
tapias que van hasta el último rincón.
Todavía me perturba este reino de manchas
que se abre y se cierra: otra farsa de la historia.

BALCONES

Escucho adjetivos aburriéndose:
amanecer que aúlla en los balcones
muros y cuerpos sin poder armar su reino
sino frotando una la lámpara: adivinaciones
mujeres en los mataderos de aves.
Me mantengo estático, apenas un nombre
para el agua que pudo fluir en otra ciudad.
De qué manera reconstruir el pozo
los pedazos de un rostro dispersos.
De pronto exclamaciones, calles que huyen.
A la hora del desayuno Vallejo sin reloj.
El ómnibus y la esperanza según el brasilero.
Cómo arrepentirnos de la sospecha, del abismo
de un cuerpo tropical perdido en la nieve.
Al comienzo desajustes, memoria y paraplejia
dilataciones, fiebre en los campos de caña.
Asesinos por todas partes, la pacotilla no escucha.
Entre alambres de púas una sombra se resiste
Podríamos saborear tranvías, canciones
que sobreviven a la parálisis y al temor.

CREDENCIALES

> Para recordar a Gilberto Seik y
> Rodolfo de la Fuente.

Me demoro cuando recuerdo madrugadas.
Vuelvo a zozobrar conspiraciones:
todavía el agua se oye en la inquietud.
Escribí cartas, estuve sobre el hielo:
música del vecino, estruendos, el verano
relojes y circunstancias que escaparon.
Cada cual tuvo su perro, un atuendo
creencias que iban y se extasiaban.
Perdimos conversaciones con la piel.
En el hueco de la madrugada agujas del cielo
punzaban urgencia contraria a la maduración.
Hubo vientos de lluvia que restauraron cristales.
Dónde pudimos estar cuando el asombro.
La manigua cruza abrazando nombres.
Ninguna balanza puede sopesar fronteras.
En los archivos credenciales se apresuran.
Volverán los peregrinos, los arcabuces tronantes.

EL DISCURSO

Nada trazado sería historia:
ubicuidades de la sombra
se ensartan al brillo del animal
que pierde señales en el bosque.
Nada perfecto, ni los nacimientos
apenas las bondades de los difuntos.
Mi espacio se sumerge en los días
en los sueños ciudades se atrincheran.
Se descongela el mundo, a mansalva
se escuchan náufragos, una sola noticia
ha descubierto pétalos en los ojos.
Por ninguna parte la primavera.
Bestia tras bestia se suman a la montaña.
El discurso pudiera comenzar.

LOS MUROS

He cruzado el invierno:
una bandada desteñida
materia y excrementos.
Ahí la casa que perdimos
qué justicia nos empolva.
De la nada personajes.
Escuchar es de sabio:
trópico multiplicado
que se asoma imponiéndose.
Hermosa a veces la vida
descalza arena.
Aún respiro manglares
cangrejos aplastados
cuerpos avecinándose
estrechez de la claridad.
Quién detrás del insinuante.
En una esquina aparezco
esquivando el estertor.
Íbamos y veníamos
el alcohol por el aire concedía
convocatorias del placer.
No estuvimos cuando los muros.
Ante los ojos, los oídos
las puertas cerrándose.

PLAYAS

Fragancia costosa
se expone al escarnio
pero si eres extranjero
los cristales sólo te interrogan.
El cosmos espera paciente:
marionetas con música
y una adolescente secuestrada.
Si pudiéramos todos
trazaríamos canciones
para el advenimiento.
Los alcaldes, sin acordarlo
en playas discursivas.
En los urinarios hay trampas.
Cotorras que se ahuyentan
traen noticias de dictaduras.
Entre los días los escenarios
ensayan el bienestar de la locura.
Se hunden negociaciones.
Nos extinguimos en el verano
sin que nos devuelvan el país.
Qué horror mirar hacia el pozo
faltándome un ojo, la respiración.
En los trenes hay prófugos:
me iré a la mar que no envejece
al otro horizonte, pesadumbre.
A esta orilla sólo llegan botellas vacías.

UN TIEMPO SEPIA

Después de la conquista
regresamos con tormentas de azufre.
Y en los caminos adoraciones
acantilados y banderas dividiéndonos.
Las aguas que interrogan avanzan:
una pesadilla tras las verjas ruinosas.
Las tardes de enero te miran
en el huerto donde acudían
apóstatas y mujeres sosteniendo fuego.
Entre un carnaval y otro vendimos el aroma:
provincias acantonadas en el hueco
sin alcanzar pedazos de cielo.
Rezan argumentos: un tiempo sepia
agarrado a la subvención de los ríos.
Los adolescentes atraviesan delirios
para convertirse en personas azules.
Ladran, se persignan, cadáveres
en las tinas blanquísimas a cada instante.
Toda ciudad en su piel esconde una pistola.

PERRO

Por cualquier vía irremediable
la noche oferta acontecimientos.
Hemos escuchado demasiado:
insomnio y duda para sostenernos
como animales comiendo flores de la patria.
Hay punzadas, estridencias, lenguaraces
perfiles y mecanismos que concurren
a favor de enfermedades memoriales.
A la hora de los fusilamientos
sería preciso acallar ese perro.
Todavía el payaso sostiene su mueca.
Esta noche vendrán a secuestrarte los ojos.

HUMO EN LOS OJOS

En la guerra aprendí a bostezar:
las bacterias, el agua fluyendo
la ciudad y en ella un hermano loco.
Aún en las noches rugen tuberías.
Casa que tuve con guardianes a la mesa.
Cómo explicar: he perdido neuronas
he perdido los dones de la sabiduría
el deseo de irme más lejos que el misterio.
Dame la mano, ábrete paso en la selva
hacia ruinas que perdieron el nombre.
Las bacterias fluyen, el agua desafortunada.
Tuve bahías al alcance, ignorancia.
Coloqué humo en mis ojos, una navaja
que cruza por el arco de un cielo recordado.
Van y vienen palomas: insoportable el hierro
aposentos de blindaje oriental al gusto
peces por el aire, cabezas que cuelgan.
Dentro de la piel el sueño confesable del traidor.
Inservible es cualquier puerta: al otro lado
los decretos desafinan órdenes del mercado:
un recuerdo que cargas y escondes
entresijos y paredes ocultándose.
El ciego que trasnocha y habla de viajes
pudiera cambiar el origen del recuerdo.

PARODIAS Y MULTITUDES

Apenas una conversación
podría iluminar el paso del mulo.
Será recordar góndolas
trópico y zaguanes
ante el odio que se agrupa.
En la oratoria del noctámbulo
sobre la piel apresurada
bosques, oquedades, aves de rapiña
monosílabos que enmudecen.
Cincuenta años de escuchar
parodias y multitudes
madrugadas que no traen
otras manos aplaudiendo.
Aquel mar imaginable
pudiera tragarse jardines detenidos.
Hemos de regresar al sitio
en que mejor sostuvimos la alegría.
Será preciso excavar monumentos:
miedo y silencio y gravedad
en un mármol donde a toda costa
comienza el discurso de los muertos
Mi carne se niega a recordar.
Sólo la caverna nos involucra
abre furnias y disfraces
que se ajustan al apetito de la selva.

No tengo una efigie ni el río
que huía entre mis piernas.
Sigo pernoctando mis instintos.
Detrás de la puerta las trompetas
anuncian al último culpable.

ME MIRO

Asido al horizonte que huye
es improbable detenerse.
Afuera un exterminio se esconde.
Al fantasma lo interrogan.
La escasez de asombros
ha hecho una región silenciosa:
depredadores, lunas reclinables
en la humedad de los puentes.
Hoy la justicia se asoma a los traspatios:
púlpitos, máquinas de horror.
La realidad es un mapa que cruje.
Me embrutece cruzar bahías.
Ahora me contemplo y estoy roto
ya no me pueden excomulgar:
política del ciego que gesticula lascivia.
Los reportes del tiempo se evaporan.
Una confusión de andenes sobrevive
y en medio una sombra que parece la mía.

DISONANCIAS

Nos extinguimos en la disonancia:
ese compatriota vigila mi perfil
estudia esperpentos de la memoria
flota entre maquinaciones y un alcohol
de supuesta comprobada fineza.
La esperanza puede derretirse
en cualquier presunto delito.
Tanto en el cielo como en la tierra
palomas encubiertas fornican
sobre los muros, en el olor de la madera
donde perdimos la floresta
el deseo y el agua demorándose.
Será imposible sobrevivir al estallido.
Bocarriba la belleza es sólo el abismo.
Nada tan imperdonable es la suerte.
Cómo entrar y salir, exabrupto
por la campiña que extendida se enferma.
Cementerio mío, dadme la lira
un pasaporte hacia la Nada.
El tiempo afuera un basurero.
Aunque me hunda en el paisaje
no habrán patéticas golondrinas.

EL ÚLTIMO BARCO

He padecido el último barco:
pude salvar palabras, conmiseración
y un costado del cielo.
El miedo y su retórica
me adiestraron de cara al sol.
De dónde los profetas
las bestias irremediables
que no pudieron reproducirse.
He visto mi sombra ejercitar
la suerte y la invención.
Sentí el estruendo, las maniobras.
Siempre la guerra se avecina.
Ningún callejón nos llevará a Roma.
Detrás del humo, una bahía derritiéndose.
Abrir una verja no es llegar a la floresta.

LAS NOCHES CONTADAS

Si me miro la punta de los pies
parece que estoy en las márgenes.
El anonimato, el ocio, las deudas
atraviesan el sentido común.
Sobre los puentes, imposible esperar:
un cuerpo quiere dilatarse en el fondo.
Las capitales de Occidente
pudieran recobrar su fetidez.
Si soñáramos a la orilla del Ganges
sería una petulancia de la madrugada.
En América presiento, se acumulan desastres
reptiles por todas partes me obligan
a disentir de manchas en el cielo.
A través de las rendijas Kafka
conversa con el poeta que no figura
en una antología pedestre.
Brújulas y prostitutas al unísono:
un atajo para escalar resentimientos.
Mis pies recorren países.
Los días son borrones, oficinas, calabozos
reservorios de neuronas marchitándose.
Se recicla la basura de la basura.
Se aburren las noches encontrándose.
Podré ahora irme al otro lado del miedo.
Nadie me responde cuando pulso.
Hay un mago ahorcándose en la infancia.

EL AGUA COMPARTIDA

(Una lectura de poemas)

Para Joaquín Gálvez

Demasiado escuchar sombras que se instalan
entre pendones y cotorras y algún ademán
sobre los puentes que todavía se pudren.
Revolotean los poemas tan idénticos
aparatos provinciales de la barbarie
una imagen lucrativa que devora espacios
acapara, involucra, masculla sentenciosa.
Si ya estamos condenados a balbucir
pudiéramos abandonarnos a esa suerte
de escuchar tragedias y frustraciones
cerrando de un golpe los espejos de la casa.
Hemos cambiado la chaqueta: la duda, lo reversible.
Todavía tenemos el río, el agua dispersa.
No se sabe el origen de las manos que aplauden.
Se abre una pesquisa que no conoce el oído.
De dónde el cantante, el fruto, sus bondades
obligado a padecer bajo el ruido del cielo.
Al bardo que persiste no hay que despedirlo.

UNA FOSA COMÚN

Imágenes que persisten
hacen deambular insomnios
arrastran documentos, el aire sucio
fotos de la república, el chirriar de niños
guitarras, cafetales, una fosa común
y el árbol apátrida contoneándose.
Una casa es un barco que sobrevive
al peso del aire, a su cordaje:
herejías, pasatiempo y veleidades
imploraciones de mujeres que testifican.
La costumbre del mantel, el duende
que acicala su estatura en los estanques.
Una casa: bicicleta ascendiendo arcoíris
tiempo en que pudo haber esperanza.
Aquí comienzan los rencores, el delirio
de huir por el miedo de los terraplenes.
No se mueve la sombra del ahorcado.
Nadie puede escaparse del relente:
abecedario, los portones y las güiras.
Cristo arrepentido muestra un dedo afilándose.
Ábrete, Sésamo, enséñame la verdadera fruta.
Los abuelos se han ido perdiendo.
Sólo hay un arma detrás de la puerta.
En primavera se deslindan gato y azotea.
Cómo podemos atravesar el relámpago

si apenas tenemos el sosiego de la mesa.
Una casa es una distancia repartida.
Ábrete boca, noche que se hunde sin noticias.
Dónde pondremos la memoria, emanaciones.
Casa que existe, entre péndulos:
su madera no podrá esconderse en la travesía.

PERSONA

A Carlos J. García

Vigilan desde el paraíso vigilan
y en el abismo los colores maltrechos.
Será preciso trastocar el rostro, las monedas
muelles resistiéndose a la impavidez.
Nos asusta el ojo sin memoria
que aprendió a hundirse en la navaja.
Tal vez un día las embarcaciones:
seguiremos soñando con círculos de cuervos.
Desde niño me llenaron de soliloquios
ahora se esconde la pupila del buey en el patio.
Ante cualquier circunstancia
es nuestra la rutina de perpetuar palabras.
Cualquier día paranoico me desplazo
por países y playas del cielo
y otras adoraciones que punzan las aguas
Las aves entran y salen por La Habana
un solo parlamento arrastraría intolerancia.
Es mejor que las fronteras te hagan escapar.
Oscuro será tu recuerdo, única credencial.
En tu carne se ahuyentan recovecos
el estrés de la memoria que sospecha.
Has cruzado una línea por siempre.
Ninguna jauría podrá detener los ojos.

TRAZOS

Trazos de la muerte
la ciudad a diario nos devuelve
crónicas de náufragos y espías:
cianuro derramándose.
Animal sin justicia proclama
un limpio en el campo para frases
que no servirán como nuevo testamento.
Cierra tu boca, los instintos te contemplan.
Por las calles de Cuba, perro desertando
abre un espacio en las coordenadas.
Cocaína y manchas de petróleo.
Viene un submarino desde el cielo:
mariposa sobre mariposa queman sus colores.
Adónde vamos a parar con tanta demora.
En el aire cenizas, recurrencias del pobre
música procedente de los mares.
Al fuego la abstinencia, una mejor identidad
que pueda hundirse en las puertas.
La sobredosis del miedo, a diario
se extingue en las aguas donde sueles mirarte.

ABRIL

Se ahuyentan animales de abril.
Estamos condenados a los relojes de las islas.
Se abren zanjas en la noche.
Una pancarta súbitamente se descorre:
ahí palabras tras palabras sobrevuelan.
Encarcelaron a los canes que aguardaban
ante las puertas apocalípticas.
Las abuelas juntándose perdieron la fe
el silencio se canta entre arboledas y mutilaciones.
El que huye cruza cerrándose la boca.
En este rincón no ha llovido, tierra promisoria.
Qué será de mi tía vegetariana de entonces
que silvestre se alimentaba con fotos familiares.
Si por lo menos un ciclón hundiera puertas.
Debajo de los matorrales todavía
se sueñan cuchillos del miedo.
Vienen los meses, vendrán santorales de la usura.
El rostro se ajusta a la venganza del cómplice.
Al final se ha esfumado el deseo de los profetas.

GOLPE EN LA SOMBRA

Las mariposas giran
y el inocente no puede rebelarse.
El sol se avergüenza en mi frente:
estoy olvidando la riqueza del lenguaje.
Ah de la vida, un golpe en la sombra.
Por qué la extrañeza, el espía
que recorre el esplendor ajeno.
Hay música, gatos que huyen:
miseria en los sarcófagos abiertos.
La piel, los bolsillos, los aplausos
es palpable la amenaza que te lleva
y te despierta en habitaciones
que apenas tienen un dueño.
Ah de la tarde en que vinieron
barcos, fotógrafos vomitando.
Siento el olor de los caballos.
Los vecinos ensombrecen la tarde.
La misantropía será la ciencia del futuro.
Qué absurdo ruge el unicornio:
animal que aún quiere bostezar
en una ciudad donde las puertas
aprenden la displicencia del derrumbe
y un borracho propugna pentagramas.
Sólo el insomnio fabrica la belleza.

DIALÉCTICA

(Desde Mazorra)

Aparecen cabezas juntándose
no son aquellas que agrupaba
el coleccionista con pie de grabado.
Ya el maquillaje no puede trastocar
la piel, ambiente de animales al acecho.
Ambigüedades, la locura y la palidez
de palomas, el silencio que penetra.
Qué sutil el padrenuestro, albaceas:
muestrario de frutas, estancia placentera
una madrugada que no se escapa
entre sábanas que flotan en los patios.
Turbas y aluviones recuerdan
asuntos que profesaba la Inquisición.
Las puertas, el origen que se encierra.
Los peces suspicaces han podido escapar.
Ahora es difícil un carro de aguas negras.
Pobre del calesero, una lengua
resistiéndose a la cavidad.
Más allá del escrutinio, la balanza
la memoria arde, un caballo de fuego
se extingue en la tarde dialéctica.

EL MAR DE BARACOA

Todo bardo almacena rencores
se enerva, transcribe un discurso diferente:
cañaverales que abogan por escaparse.
El asma de Lezama nos persigue
es una lechuza que ronda patología:
siniestridades ajustándose a la memoria
conclusiones en los ojos de los muertos.
Un parlanchín exige tendencias.
Qué razones hay para que el oportuno
arme disecciones, quiera apoderarse.
Todavía llueve sobre la noche.
Las imantaciones, fronteras y jaurías.
Pero llegaremos hasta las provincias:
incandescencia, palmeras del cielo
una bestia muda que agoniza
no ha podido penetrar la noche.
Hay calamidades que nos rondan
en el bautismo se esconden sombras.
Una mano pudiera trastocar la geografía.
El zodíaco trae tormenta de suerte.
Todo bardo se sienta a la mesa
engañoso recurre a la locura de sus días.
Recuerda que el mar de Baracoa
en su noche prístina arroja los desperdicios.

DEMENCIA CIRCULAR

Desde una península
podríamos rememorar gorriones
que no huyen de un país asolado
pero el ojo que retuerce afinidades
inocula un lenguaje enemigo.
El hábito enfermo se adueña de cristales
donde traza panoramas de aniquilación.
Es probable el miedo a convivir.
Vuelve a descubrirse la demencia:
pabellones con musicantes sin geografía
una piel sobre otra piel no escapan del sopor.
Ya conocemos derroteros:
lascivia y madrugadas con paranoicos
que adultera sinfonía de la cordura
en cualquier ángulo de la ciudad.
Hospitales, necesariamente hospitales
para no cerrar con un disparo
la boca que gesticula espuma, disonancias:
desafortunado el pez segregando
entre sueños y paredes de humo.
En los tugurios que se alquilan
para mejor adulterio y fornicación
se mantiene constante perorata
exiliada en el tendón que restringido
no eyacula sobre vestimentas

coloreadas, de segunda mano.

Sería conveniente que el ámbar de las botellas pudiera irse de viaje por el mar.

MUEVE SU LENGUA

Y en la única hendidura de la noche
displicencia de garabatos forestales
mueve su lengua en un espejo.
Incongruente la música de negros:
sólo hay parábolas, sicofármacos
adivinaciones sometiéndose a la imagen.
Junto al borracho que tararea himnos
el paisaje pudiera evaporarse.
Esta otra provincia, orilla raquítica
absorbe piojos, palabras del bipolar
que resbalan cuchillo en la sombra:
simulaciones de apologías entre líneas
boca brumosa que destila
la presencia de un bigote.
Molesto el animal puede ejecutarnos.
Apóstoles mueven lengua, su inquina:
leve irreverencia hacia escrituras
sopesadas por usureros de trastienda.
Ajenos a la tragedia de la consumación
espirales burocratizan, ejecutan nombres
la banalidad de mirarse ropajes
sin mencionar al infante que azul
anduvo desnudo por las playas.
Víctimas del espasmo y la rapiña:
pantanos, embarcaciones, lagartos

zodíaco comestible, estratégicos
folletos que anuncian funerales:
la señal de un hermano que enloquece.

ZARPAR

Cuando miras la noche
los barcos entre las manos
el error de zarpar, barniz y tachaduras
tras el muro que sostiene equilibrio y miseria.
Vimos arder vastedades en la piel.
El desgaste de contornos, el insecto
que se refugia, su asombro perdiéndose.
Vamos por el campo, ya blanquecina
una mano sobre otra mano
palparon confines, el síndrome, el sueño
que regresa, tal vez la última ebriedad:
una casa, recintos, palomas que huyen
hacia la boca clandestina de una ciudad.

CUÁNTICO

Abriendo puertas, insomnios y hospitales
el ímpetu nos queda insuficiente
para completar los insultos de la imagen.
Hemos extraviado la quimera, sus transgresiones.
Cuando no alcanzaba allende el amanecer
pude arrojar un bosque y un mar de los ojos.

En este otro costado cuántico
un cuerpo nos llega: la magia del reptil
evapora la respiración, una huella en la sangre.

Cualquier hueco del mundo pudiera ser el infierno.

LAS CAÍDAS

Y entre ruinas que simulan
el silencio se une al instinto
de cuerpos que no pueden escapar.
Historias y estrategias, la demencia
vaticinios que sólo nombran
enfermedades y eucaristías
aquel sospechoso, sombra desvaída
al que le fue dado el tiempo
para inmolarse en el espejo.
Las guácimas, tamarindo, involuciones
calcomanía del cielo, apenas libertad
las edades que ahora se dispersan.
El otro ciudadano que pudo ser
entre caídas y cómplices
un enorme trago de veneno
un estandarte, su lógica desaliñada.
El capitán regresa, la bruma reanima.
Aún tengo las mismas aniquilaciones:
los peces huyeron del embeleso
y en la tierra más lujuriosa
sermones aplastan la fina neblina.
No se abrazan destellos, tomeguines
el golpe de seguro nos espera.
La piel que tuve: algunos parajes ahora
se desahucian en la historia de los ojos.

LA NEBLINA QUE DIALOGA

Cuál ha sido el precio
conjeturas de la sombra
y la guerra que no cesa.
Las aves se escapan
a golpear otras ventanas.
En el cuerpo que se fija a la madera
las horas vuelven a derretirse.
De la neblina que dialoga
una bestia huye de las calles.
No sabemos si esta casa
será una perenne vocación
por el verde desahucio.
Se asoma una punzada
regresan las mudanzas
las víctimas del cielo.
Entre las piedras y el azoro
palpable es el frío del comienzo.

BORDES

Desolaciones patrias
no pueden perpetuar
circunstancia alguna:
mar que sólo autentifica
aburrimiento y reflujos del verano.
Abundante materia:
podredumbre y barcazas
tanto a la sombra
o hacia la luz travestida.
Aparecimos de golpe
amaneciendo las costas.
Consciente del filo que penetra
el animal cruza tesitura
y no puede trastocarla a su gusto.
El gustoso cuerpo se aproxima.
Es el momento proclive que se brinda.
El visitante remonta travesía
nos estrecha sus vacilaciones
y no tarda en darnos
el hábito de pulir los bordes
costumbre de maquillarse
en espejos que repugnan.
No transige luz polvorienta.
Asiduo es el bebedor
preferentemente entre mulatos

y chinos que todavía obedecen
a hortalizas y postguerra.
Aun Charles Baudelaire
ebrio pudiera arrepentirse.
Arrinconados sopesamos llaves
de tugurios que se tensan al paso
de cualquier hálito sostenido.
Para el tiempo de los estanques
un maderamen para escapar.

ACECHANZA

Vuelven a confundirse los relojes.
La tarde augura conversaciones:
mi madre por el aire acontece.
Por las ventanas cruza un panorama
que sólo la pereza lo destila.
En la boca persiste el regusto
de palmares y cabildos.
Ahora no alcanzan las monedas
apenas el mensaje y las palomas.
Todavía el poeta puede vociferar
por los suburbios primordiales.
Al otro lado la acechanza
golpizas que regresan en la confusión
un milagro creciendo en la piel
animales que enloquecen
sin flores para alimentarse.
Mientras el pan se evapora
en los patios cementerios.
La primavera extradita golondrinas
extrañeza que convoca a los que huyen.
Aburrido de lucrarme, a toda costa
buscaré un vocabulario para difuntos
acaso la coherencia nos enseña a discernir.
Amarrados los ladrones convencen a Cristo.
En junio y en enero bacanales

amputaciones retornan por el norte
una ronda de turistas contaminados.
Se han abierto círculos, parlanchines:
saliva del político perpetuándose.
Una discreta noticia enemiga
quiere hundirse en la respiración.
Detrás de las puertas ataúdes:
promesas en los muros y en el aire.
Todavía podemos alejarnos por el mar.

SE DESCARTAN

Ajeno a los deseos
cualquier espacio se brinda:
pedazo de cielo exponiéndose
quimera que se extingue
imaginerías del sordo.
Entre la sospecha y el náufrago
sin apartarse de los rieles
no se puede esconder el ojo que predice.
Al descubrir hendiduras
oraciones, catedrales del mar
la poesía hueca reanima epidemia.
Tras los cristales, cristales
regala mi sombra que cruza.
A Salomón no le fue permitido:
las tribus y el toro desandan.
Las aguas adentrándose
sordinas podrían socavar el sueño.
Qué mundo ahora me azuza:
detrás de los muros la miseria que mira.
Ahí estarán las aguas
que conocen todo resquicio
el sabor de la piel asustada.
Tal vez me devuelvan la sobrevida.
Y en la mesa frutal
campiña camagüeyana.

BARCOS ATRAVIESAN

Y toda la noche queriendo cambiar
amanecer que asola la locura
de historias y nombres: ciudadano
inescrutable, tal vez otro número
que pudiera sumarse a los archivos
al vientre de un animal que nos confunde.
A la sombra contemplaciones.
Y entre las piedras despintándose
iglesia que aún no puede repartirse:
tiempo subastado en los jardines silentes
obsequio del verano, más bien inclinaciones
hacia la oscuridad de los que nacen.
Reiterativo es el sueño del mago y el payaso.
Se almacenan discursos, marionetas
la lucidez lejana de un patio, de un tamarindo.
Barcos atraviesan el placer, cancelaciones
vitrales asesinan: el ojo del muerto
en su refugio elabora planes de salvación.
No hay poesía nacional tras la tormenta
se acumulan cabezas con la esperanza.
Asustados los paredones secretean:
bicharracos de toda la nación
también pudieran compartir el peso.

ESTADÍSTICAS

Las estadísticas
para acostumbrarse al miedo
son la ceniza
del cuerpo que fuimos:
crucigramas, ensoñaciones
cartografía del deterioro
objetos y pormenores
y en el peor de los casos
una investigación
más allá de la muerte.

NACIONAL SIN OFICIO

Desde la patria la noche persistente
abre expectativas de mortalidad:
sigiloso náufrago, nacional sin oficio
aprendí a representar los frutos aburridos.
Nada sucede sin primavera: las viudas
intentan asociarse al encomio sensorial
de una ribera que ya reúne suficiente basura.
Por los traspatios sería justo regresar.
En la hojarasca un ruido nos denuncia:
van y vienen sombras, figurantes
y en la pared la fija terracota que alienta.
Fuera del país, fronteras que se queman.
Sin dejar vestigio alguno se aprende a transcribir
apuntalando argumentos sobre el mismo paraje:
una gota de agua en los depósitos del cielo.
Vete a las playas con tu perro si amas el amor
así podrás vociferar con el disfraz que te asignaron.

ARCÁNGEL

Vuelven anuncios de la carestía.
Todo sueño en su trayecto enmudece:
conflagraciones, rincón vigilante
el verdadero espécimen avistado
en las oficinas del noctámbulo.
Socavada la resonancia, la sorpresa
sigue abriendo túneles en el deseo.
Crecí a la sombra, fumé del verde resplandor.
Las ciudades padecen complicidades
su chatarra abarrota las arcas del derrumbe.
Lluvia pasajera, me robaron el ángulo.
Anduve por el aliento, la torpeza destilada.
En la escasez todo arcángel es amarillo.
Ah de las palmas, el huérfano aguza el oído.
Afuera la piel va cambiando los matices.
Casa sitiada, la marea asfixia tus nombres.
Qué haremos con el ropaje de mercenario.
Mantendremos deterioro de la primavera.

LOS VIOLENTOS

En la inmunidad el otro costado de la tierra.
Junto al fuego se adormecen cadáveres.
La saliva del bípedo atraviesa urdimbre del sueño.
Las tribunas vuelven a recordarte cartografías.
Afuera el mar ofrece los peligros del deseo.
Muerto por asombro los espacios se evaporan.
De los círculos los violentos comienzan a escaparse.

DISIENTE SOMBRA

A un costado pasadizos
maquinaciones del miedo, el afeite
que trasnocha. A un lado el monte
jaurías que gozan ciudades
las claves del deseo, trasiego y subterfugios.
A veces el tesoro se desteje sombrío:
alocuciones alteran la piel del odio
a pierna suelta un sueño iconoclasta.
Por la vereda bestias tropicales.
Noche y día bailaremos lo contradicho:
el descenso, el deterioro, justos y pecadores
y los prósperos arrendatarios: esa música
que acuña la pobreza consistorial.
Tuvimos un barco, una historia, bambalinas
almacenes para hundir los desmanes del culpable.
Señales trastocan el auxilio de escaleras.
Pueblo sucio que grita en las maletas de viaje.
Apesta lirismo isleño, remanso, pedernales.
El contertulio no admite, disiente sombra
abre su espalda: es pretencioso el ocaso
y los nombres que carecen de alternativas.
Ya las cúpulas sin cristales, sin apariencia.
Sólo el ritmo de las aguas en los contenes
alza una mano que nos despide.

INVIERNO CON MÚSICA

Una sombra amenaza en el retrato
abre interrogaciones: asimetría de la luz
que resume el espacio de un tiempo
la carencia de ojos que no abarcan.
De entre las paredes gruñe anonimato
mi perro se aletarga en diccionarios:
vigilia de abandonarse a diferentes ámbitos
pudiera acercarnos a la jerga de la orilla.
El aire vulnerable, invierno con estridencias:
hermoso paisaje propenso a los encierros.
La epidemia demente vuelve a insertarse un disparo.
El enfermo se fuma los privilegios del gobierno
su anestesia podría escapar hacia el cielo.
Toda la suerte quiere ahogarse en una habitación.
Es imposible desentrañar ciudad funeral entre ríos
patología de la bestia engarzada en los manuales.
Las noticias se ajustan a los tiempos
monedas que aceleran metástasis de la noche.
Tal vez se suspendan celebraciones:
apenas los trenes, la lumbre en las ventanas
trasfondo que masculla silencio en el retrato.

ANQUILOSADO

Anquilosado amamanta la belleza:
vive de perro entre muros, no se distrae
apenas el mar llega arrastrándose
expuesto a la furibunda abundancia de banderas.
Tu vecino cruza con una pistola al hombro
por los jardines se atisba vandalismo ciudadano.
Vendrán días, apenas el vino sature el hueco
cerebros a un precio insoslayable para criaturas
que se nombran convenientemente el reverso:
memoria deshaciéndose frente a la pupila.
Si un extraño viniera perturbaría el espejo que tuve.
Los cuervos del desvelo, historia que envejece.
Vestido de novia no traspasa el ojo que punza:
con los nuevos rudimentos María Belén Chacón
versión exacta de provincia carente de platería
nostalgia feriada que se hunde en los espejos.
Las ruinas de La Habana lejos del Etna se eternizan:
tartamudean en las vasijas donde un día
confiscaciones, ergástulas de un paisaje anunciado.
Si cualquier hombre, un proyecto al fin de la derrota
pudiera irse con ese karma a repartir laboratorios
los caballos pastarían destreza en los campamentos.

LAS TRINCHERAS

Perdidos en la manigua
pastizales que remontamos
naturaleza con sus días que rasgaron
las voces, la estulticia perentoria
y el reflujo de horas transgredidas:
agua zanjando por todas partes
el desperdicio, universo sin noticias
piel emboscada en sus pretensiones.
Y cómo ahora escaparemos
si a tus espaldas persiste el estruendo
y una custodia que aúlla en el oído.
En los almanaques reposa el miedo
a que se agrieten de pronto los adornos.
Si hubiera ciudad que regalara sus colores
apenas una noticia sospechosa
agujero con guitarras, otra piel deslizada
abrazándonos detrás de las cortinas.

APESTA MATERIA

Apesta materia que se abre en los manuales:
alternativas en un espacio sin reencuentros
que conserva figuras, la inclemencia
hojarasca traída a través de la doctrina
maquillaje de los que enarbolan un aire de colores.
Adónde la locura, el rostro a la medida
el trastoque abundante que participa
en la oscura apariencia de un mediodía.
Si penetras a tu país con la destreza del ciego
desandarás acompañado entre barcazas
veredas, amañadas monedas de la estrategia
la diferencia de matices y el diestro calesero hurgándote.
Sobre las insignias siguen los vientos que crujen.
He llorado al saber que mi sombra ha muerto:
en las bodegas del mar abandonaron su cuerpo.

DESEO DEL OTRO

El cuerpo, el impune se aligera
contrae deseo del deseo de otro
que apenas presiente lejanas manos.
Se retuercen solicitudes de la piel:
máscara y noche, tránsito de la sangre
palabras abominables de la consumación.

OBLICUO

Nada mejor que lo oblicuo
de palabras que ilustran, arrastran
el sonido hacia otro combate
que absorbe la demencia.
El perro adyacente escucha:
instalaciones del paisaje que concurre
deseo que se inocula en el olfato.
Si los sargazos penetraran jardines
tendríamos evidencia crucial de las islas
banderas que el aire distrae
frente a la biografía de patéticos telones.
Entre la luz y el desastre, un rostro
hispánico se descubre en los barcos
uniéndose a gritos de pájaros en picada.
La noria nos distrae, especulaciones
el mismísimo discurso sobre la piedra
que se niega a recomenzar su trayectoria.
Sombras de rapiña podrían extenderse
por el devaneo de una estética empobrecida
que encharca la memoria.
El animal ya difuso irrumpe con palabras
repite su visita, extrae la luz de la luz:
apenas conocemos belleza de la tundra.

UNA SOPA PARA METER LOS OJOS

A M. D. Martínez

Una constancia de pajarracos
regresa en la punta de los navíos:
poblaciones de siluetas atesoran
algarabía de que es probable lo perenne.
Las aguas revientan huellas de animales
acantilados, humo resbaladizo
bastiones escondiendo golpes:
muertos que no tuvieron una sopa
donde meter los ojos, ni el cristal
que aún padece la mirada circundante.
La riqueza de seguro llegará
pero tarde a la carne del espíritu.
Andaremos trasladados: ostracismo
y ademán desfallecido que no vacila
en el estertor bordeándonos.
Países de luces se esconden.
Puertas hundiéndose en la orilla.
Su desacato trasmite relumbres.
Y será otro el Almirante que regrese:
ansiosa la desnudez del marinero
ofreciendo sus malabares.

SOBRE UN LIENZO LA CIUDAD

Serían absurdas
conversaciones entre ruinas
ácaro y alcohol
cristales todavía opacándose
paraplejia, números que huyeron
la sombra cojeaba trasmutada
en los círculos obligados:
oficinas que iban de la urdimbre
a la sospecha de manuales
desfloraciones teóricas: el personaje
mismísimo ahora intenta flagelarse.
Sobre una lona el claroscuro devoto
disfraz de la única permanencia.
Las guitarras devanaban tesoros
sucio espectáculo de palmeras
para sentirse cómplice: demagogia
un golpe de rincones resarciéndonos.
Sobre un lienzo sigue la ciudad.
Su penitencia desperdicia sahumerio
en otras noticias: calamidades
que atraviesan el paso de las aguas.
Transgrediendo el fondo de otras noches
qué pudiera quedar: se supone imaginerías:
el sordo que blasfema en el oído del ciego
un prontuario de esperpentos
para dormirse en los laureles.

FRUTALES MECENAS

Por las tardes se adentran
cielos que oprimen tan iguales.
Se aniquilan predicciones
una mirada rastrera se asoma:
fantasma que padece constante
el ritmo de palabras menores.
Por los tumultos del cielo
se desdibujan planicies y campos:
justa temporada de emigrantes
historia frutal de mecenas: territorio
ahora reducido a la memoria
que fabrica el desdén de los cristales.
Por las tardes regreso a la caverna:
miserable es el que agrupa sabiduría.

CABALLOS GRAVITAN

Estampa urbanística de caballos que gravitan.
El verano distrae frustraciones
se evaporan diferentes espacios.
Cruzar el mar y otros tintes burocráticos
precisan conversación con el cuerpo:
falso el ojo que te acusa de advenedizo.
Caballos que huyen sin orden, sin fronteras
hacia límites que hacen florecer la derrota.
Piden orden a los sabuesos que denuncian:
aún se levantan alambradas y arrecifes.
Una distancia abriéndose, una yarda apenas
del condenado que respira corredores:
geografía con cadáveres para sosegarse.

ASUNTOS DE GOBIERNO

Todo camino se detiene en el país
que reparte ojerizas en la cabeza del otro.
Se esconde entre cortinas el mandatario
para no estar a la hora en que sólo ruge el diluvio.
Sentirse libre, músico, ausencia diurna
pudiera zarandear ventanas de la poetisa
que entre yaguasas y jardines edulcorados
compartía un idioma, perdices y el mapa pertinaz
que guindaba en los escombros encumbrados.
Lejos patología y pobreza, misceláneas y desencuentros
con el fauno que predice: parecen asuntos de gobierno
licuándose: lugares comunes de ríos que amenazan.
Se estrella el azul con el azul, ninguna migaja traspasa.
Una hora se rasca con la otra gritando denuncias.
Las esquinas del muro padecen vigilancia.
Ni un ave se desintegra en los caminos: sabana
agredida por el pésimo gusto que el azúcar nos produce.
Un perímetro nos hunde, ausencia de rapiñas por el cielo
las casas inundadas, el placer de un descalzo calabozo.
Es una manía extirpar la pequeñez de los animales.

RECORDATORIAS

Y en lo pedestre, recordatorias
pudieran iluminar estancias
y otras minucias de adolescente:
pueblos de alquitrán, un tren lento
vacas por el cielo irrumpiendo.
Clandestino el ladrón todavía escapa
entre perros hacia los manglares.
Playas y límites, basura que inunda
viento que introdujo exploraciones
arboledas sin tiempo, un rastro de humo
epifanía, desván para los difuntos.
Ninguna cruzada se ha detenido:
en el último minuto que pende
cualquier historia pudiera ajustarse.
El aliento de rezar quizás nos ofrezca
la obsesión que sosiega, el aguacero
acuarela gratuita que se asfixia.
El haitiano de cien años recordable
afilaba sus ojos hacia golpes del sueño.
Bueyes, ladridos y visitantes, alimañas
también se unían a la demora circular.
Los campos descriptibles ya no existen.

INDICE

EL CANTOR 9
CICATRICES DEL CIELO 11
COLGANDO DE LA NOCHE 12
UN BARCO DE PAPEL 13
OTRA FARSA 14
BALCONES 15
CREDENCIALES 16
EL DISCURSO 17
LOS MUROS 18
PLAYAS 19
UN TIEMPO SEPIA 20
PERRO 21
HUMO EN LOS OJOS 22
PARODIAS Y MULTITUDES 23
ME MIRO 25
DISONANCIAS 26
EL ÚLTIMO BARCO 27
LAS NOCHES CONTADAS 28
EL AGUA COMPARTIDA 29
UNA FOSA COMÚN 30
PERSONA 32
TRAZOS 33
ABRIL 34
GOLPE EN LA SOMBRA 35
DIALÉCTICA 36
EL MAR DE BARACOA 37
DEMENCIA CIRCULAR 38

MUEVE SU LENGUA 40
ZARPAR 42
CUÁNTICO 43
LAS CAÍDAS 44
LA NEBLINA QUE DIALOGA 45
BORDES 46
ACECHANZA 48
SE DESCARTAN 50
BARCOS ATRAVIESAN 51
ESTADÍSTICAS 52
NACIONAL SIN OFICIO 53
ARCÁNGEL 54
LOS VIOLENTOS 55
DISIENTE SOMBRA 56
INVIERNO CON MÚSICA 57
ANQUILOSADO 58
LAS TRINCHERAS 59
APESTA MATERIA 60
DESEO DEL OTRO 61
OBLICUO 62
UNA SOPA PARA METER LOS OJOS 63
SOBRE UN LIENZO LA CIUDAD 64
FRUTALES MECENAS 65
CABALLOS GRAVITAN 66
ASUNTOS DE GOBIERNO 67
RECORDATORIAS 68

www.ingramcontent.com/pod-product-compliance
Lightning Source LLC
Chambersburg PA
CBHW031419040426
42444CB00005B/648